**Francisco Bartra Gros**

# JESÚS NO RESUCITÓ EN DOMINGO ¡ALELUYA!

# JESUS DIDN'T RESURRECT ON SUNDAY ALLELUJAH!

EDICION BILINGÜE ESPAÑOL-INGLES

JESÚS NO RESUCITÓ EN DOMINGO
¡ALELUYA!

JESUS DIDN'T RESURRECT ON SUNDAY
ALLELUJAH!

Edición bilingüe español-inglés



Aviso a Bibliotecarios: La catalogación bibliográfica de este libro se encuentra en la base de datos de la Biblioteca y Archivos del Canadá. Estos datos se pueden obtener a través de la siguiente página web: www.collectionscanada.ca/amicus/index-e.html
ISBN 1-4120-8884-4

*Oficinas en Estados Unidos, Canadá, Reino Unido e Irlanda*

**Venta de libros en América del Norte y al extranjero:**
Editorial Trafford, 6E-2333 Government St.
Victoria, BC V8T 4P4 CANADÁ
Teléfono: 250 383 6864 (llamadas sin cargo: 1 888 232 4444)
Fax: 250 383 6804; email: pedidos@trafford.com
**Venta de libros en Europa**
Trafford Publishing (UK) Limited, 9 Park Street, 2nd Floor
Oxford, UK OX1 1HH UNITED KINGDOM
Teléfono: +44 (0)1865 722 113 (tarifa local 0845 230 9601)
facsimile +44 (0)1865 722 868; pedidos.ru@trafford.com
**Pedidos por Internet:**
Trafford.com/06-0640

10 9 8 7 6 5 4 3 2 1

## DEDICATORY

- To my wife Martha, my sweet partner for so many lives.

- To all the Light workers and searchers of the Light of the truth.

## DEDICATORIA

- A mi esposa Martha, mi dulce compañera de tantos retornos.

- A todos los sembradores y buscadores de la Luz de la Verdad.

# ACKNOWLEDGEMENTS

For me, it is very important to give my gratitude to Mrs. Dina Pantigozo who was the "motive" for editing this work. Without her enthusiasm and devotion to solve all the difficulties, I would have never been able to edit this research work.

I must also thanks Mrs. Gloria Luz Díaz, who was kind enough to translate this research work.

Finally, I want to express my gratitude to all my good friends who encouraged me to edit it.

## RECONOCIMIENTOS

Para mí es muy importante agradecer de manera muy especial a la Sra. Dina Pantigozo quien fue el verdadero "motor" de esta publicación. Sin su dinamismo, y su dedicación a resolver todas las dificultades, nunca se hubiera editado este trabajo de investigación.

También debo agradecer a la Sra. Gloria Luz Díaz, quien tuvo la gentileza de ocuparse en la traducción de este documento.

Finalmente, quiero expresar mi afectuosa gratitud a todos aquellos buenos amigos y amigas que me animaron a realizar esta publicación.

## PREFACE FOR THE THIRD EDITION

We have wanted to edit this research work in a bilingual Spanish-English edition to give an opportunity to more people to get this information that I think is very important. It is important because here we solve the problem of the Messianic Character of our Divine Master Jesus, the Christ once and for all.

Cusco, august, 2003

## PROLOGO A LA TERCERA EDICION

En este libro hemos querido entregar al público una edición bilingüe, español-inglés para dar oportunidad a más personas de enterarse de su importante contenido. Importante, porque en él se resuelve de manera definitiva y de una vez para siempre, la última, y a la vez, la principal objeción que existía sobre la Mesianidad de nuestro Divino Maestro Jesús, El Cristo.

Cusco, agosto del 2003

## PREFACE FOR THE SECOND EDITION

When I finished writing the first version of this research work on the Holy Scriptures, I felt somehow afraid of putting it on the market for sale, so I just passed it around to a limited number of people. To have a clear idea about the way on how this research work could be accepted, I had only a few friends and relatives, read it. They were closely related with the Catholic Church and others so called, Protestant groups.

On one hand, the majority were stunned. However I was congratulated for this research work that they call- ed "excellent"(forgive me for this lack of modesty, but I am just telling the truth). However the majority accepted my statements as incontrovertible, but it was "it is better not to let it know to other people because it could be very harmful..." (How as though the truth could be harmful!)

## PROLOGO A LA SEGUNDA EDICION

Cuando terminé la primera versión de este trabajo de investigación de la Sagrada Escritura, tuve un poco de temor de entregarlo al público y por eso, la primera edición tuvo una circulación muy limitada. Y para tener una idea cabal de la forma como iba a ser recibido este trabajo por la comunidad cristiana, lo di a leer de manera restringida, sólo a unos pocos amigos y parientes, relacionados tanto con la Iglesia Católica Romana, como con algunas confesiones de los grupos mal llamados protestantes.

Por un lado, en una inmensa mayoría, la sorpresa fue tremenda y en general me felicitaron por el trabajo que ellos calificaron de "excelente" (perdonen la falta de modestia pero sólo me remito a la verdad de los hechos). Sin embargo, la actitud de la mayoría de los que aceptaban mis argumentos como incontrovertibles era "que mejor no se diera a conocer a otras personas porque podía causar mucho daño..."(¡Eh! ¡Como si la verdad pudiera causar algún daño!).

Even an old protestant priest, half joking, half serious, told me: "If I were Herodotus, I would immediately have you executed. You are a very dangerous man."

But my question is: Why is everybody afraid of the truth? Why should knowledge be hidden from the faithful something that seems to me so important, that Christ did not die on Friday, because it is very transcendental for proving **the authenticity of Jesus´ Messianic Character**? The answer is impressive: because it shakes the foundations of the institutions, that claim to have the truth inherited from Jesus´ apostles; and this would shake them and in the worst, it would cause them to lose the power they have over the tamed members of their churches. However, sooner or later other people, who take the task of studying the Sacred Scriptures will inevitably, come to the same conclusion. In this very moment, the crumbling of the trust of the faithful will be very loud because they will not absolutely accept to have been misled through wrong and treacherous paths

Incluso, un veterano pastor presbiteriano me dijo medio en serio y medio en broma: "Si yo fuera Herodes, lo mandaría ejecutar de inmediato, es usted un hombre muy peligroso".

Mi pregunta de rebote, es: ¿Por qué tanto miedo a la verdad? ¿Por qué se debe ocultar al conocimiento de los fieles algo que nos parece tan importante como es que la muerte de Jesús no ocurrió en viernes, por la trascendencia que tiene respecto al reconocimiento de **la auténtica Mesianidad de Jesús**? La respuesta es contundente: Porque remece las bases de las instituciones que dicen poseer el legítimo legado de los Apóstoles de Jesús; y esto podría hacer que se tambalee o en el peor de los casos que se pierda en buena parte el poder que se tiene sobre una feligresía bien domesticada. Sin embargo, tarde o temprano otras personas que se pongan a estudiar el Texto Sagrado llegarán de manera inevitable a nuestra misma conclusión, y en ese momento ocurrirá en forma más ruidosa todavía, el desmoronamiento de la credibilidad de los fieles que no soportarán haber sido guiados por rutas de error y falsedad,

like Jesus having resurrected on Sunday, hence they had the base for having changed the Sacred Day from Sunday to Saturday, and other such things.

I practiced and believed very strongly, during all the time I was a Professor at the University, that the truth was more important than the ego or any institutional gains. This is why I never refused to accept I was wrong before my audience. I think this is the reason why I was respected by my students, more than because of my academic knowledge. For me, it was much better to be acknowledged as an honest professor than as a well informed professor, nevertheless, I have always tried to have a deep knowledge on the subjects I was teaching.

On the other hand, I am sorry to admit that even though I had a group of people that accepted my research work as true, there were others who

como es la creencia en la Resurrección de Jesús en domingo, y por ende, el supuesto sustento del cambio del Día Sagrado de sábado a domingo, y cosas por el estilo.

Creo firmemente, y lo he practicado continuamente en mis muchos años de cátedra universitaria, que la verdad es más importante que el amor propio y los intereses institucionales; y por ello, nunca escatimé ante mis severos oyentes el reconocer de inmediato la presencia de un error en mi disertación; y pienso que por ello, más que por cualquier otra razón de tipo académico, es que mis alumnos siempre me respetaron. Para mí era preferible que me reconocieran como un docente honesto a que me reconocieran como un docente bien preparado, aun cuando siempre me esmeré por conocer las cosas que enseñaba, lo más a fondo que me fue posible.

Por otro lado, debo reconocer con pena, que frente a este grupo de personas que aceptaron como correctos mis análisis, están los que de manera

malignantly and with no further arguments than "the ecclesiastic tradition says..." or "we have always taught so, and we cannot change it now..." or the most radical and fanatic ones, without giving any value to the ideas I proposed, they clarified violently: "this is absolutely not true, it seems to me unacceptable." I don`t even want to consider this fake argument."

In this same group, we can find those who persistently anchor the expression "on the third day." This idiomatic expression that has been used, purposely distorted, to justify the supposed Jesus` death on Friday, and consequently they pretended that the Resurrection was on Sunday.

In this new version, I emphatically clear out the topics that could create controversy. I have always been inclined to end once and for all, the doubts and errors that have been dragged along for so many centuries.

Cusco, June 03, 1994.

bastante virulenta y sin más argumentos que "la tradición eclesiástica dice...", o "que siempre hemos enseñado esto, y ahora no podemos cambiar...", o los más radicales y fanáticos que sin ponerse a meditar en la contundencia de los argumentos presentados, declararon de manera violenta: "¡eso es totalmente falso!", "me parece inaceptable", o "no estoy dispuesto siquiera a tomar en cuenta toda esa patraña".

En este mismo grupo se encuentran aquellos que se aferran a la expresión "al tercer día", expresión idiomática que se ha utilizado siempre de manera a propósito distorsionada, para justificar la supuesta muerte de Jesús el viernes y su consiguiente y pretendida resurrección el domingo siguiente.

En esta nueva edición pongo mayor énfasis en aclarar todos los puntos que pueden generar algún tipo de controversia, siempre con el ánimo de terminar de una vez por todas con las dudas y con el error que se ha venido arrastrando durante tantos siglos.

Cusco, 03 de junio de 1994

## 1. INTRODUCTIÓN

The Roman Catholics and the majority of groups that call themselves Christians, celebrate the so called Easter to commemorate Jesus` Passion and Death a series of rituals are carried out and among them the so called "Holy Friday", when according to them, Jesus died. Then they have a celebration for the next Sunday, when they say Jesus resurrected. All these attitudes and affirmations made by the Roman Church and other Christian groups are wrong, as we are going to prove throughout our research of the Scriptures.

## 1. INTRODUCCIÓN

Los Católicos Romanos y la mayoría de grupos que se autotitulan cristianos, celebran la llamada Semana Santa en conmemoración de la pasión y muerte de Jesús. En esta semana se realiza una serie de rituales conmemorativos, y entre ellos, podemos destacar el llamado "viernes santo" como el día en que según ellos, murió nuestro Salvador. Luego viene la celebración, en el domingo que le sigue, de la Resurrección de Jesús; ya que ellos sostienen que Jesús resucitó el domingo siguiente a su muerte. Todas estas costumbres y afirmaciones de la Iglesia Romana y las confesiones cristianas más connotadas, son erradas, tal como vamos a mostrar a la luz de las Escrituras.

## 2. ANTECEDENTS

It was 1975, when I ran into a magazine written by an evangelical priest, who affirmed that Jesus had not died on Friday, as Catholics say (and most Christian groups), but that he had died on Thursday of the same week. According to his deductions, they are right as we will see later, Easter didn`t occur on Saturday, but on Thursday. On the other hand, this researcher based his work on the idea that the resurrection had occurred on the next Sunday after Easter and that the only sign of Jesus` Messianic Character would have come true (three days and three nights in the grave), so he would conclude (this is definitely wrong) that Jesus` Death occurred the same Easter day, that is on Thursday

I was moved by this reading because it had an argument that nobody had taken seriously until then.

Matthew`s Gospel says: *"... Master we want to see*

## 2. ANTECEDENTES

Corría el año 1975 y llegó a mis manos una revista escrita por un pastor evangélico, quien afirmaba que Jesús no había muerto el viernes como dicen los católicos (y la mayoría de sectas cristianas), sino que la muerte de Jesús ocurrió el jueves de esa semana. Según sus deducciones, correctas, como veremos luego, la Pascua no ocurrió el sábado de esa semana, sino el jueves. Por otro lado, este investigador, basándose en que la resurrección había ocurrido el domingo siguiente a la Pascua, y que debía haberse cumplido la única señal de mesianidad de Jesús (tres días y tres noches en el sepulcro), llegaba a la conclusión (errada por cierto) que la muerte de Jesús ocurrió el mismo día de Pascua; es decir, el jueves.

La lectura de dicha revista me conmovió, porque aportaba un argumento que hasta ese momento nadie había tomado suficientemente en serio.

En el Evangelio de Mateo se lee: "...*'Maestro, queremos ver de ti una*

*a sign from you.' His answer was: "An iniquitous and adulteress generation is seeking a sign, but it won´t be given a sign, but only the sign of prophet Jonah. Because as Jonah was in the womb of the big fish three days and three nights, thus the Son of Man will be in the heart of the earth three days and three nights."* (Mt. 12;38-40). The researcher of the Bible had a forceful argument: if Jesus had died on Friday and had resurrected on Sunday, then the only sign of his messianic character wasn't fulfilled: **that he should be in the grave for three full days and three full nights.** And to solve this problem, he proposed that Jesus should have died some other day that is on the same Easter day, that is to say on Thursday of the same week.

I am not going to waste my time refuting this argument which has many mistakes but brings a starting point of view that is indisputable: Jesus didn´t die on Friday , otherwise the only sign of his messianic character , given by himself (three days and three nights in the grave) wouldn´t have come true. However,

*señal.' En respuesta les dijo: 'Una generación inicua y adúltera sigue buscando una señal, mas no se le dará ninguna señal, sino la señal de Jonás el profeta. Porque así como Jonás estuvo en el vientre del gran pez tres días y tres noches, así, el Hijo del Hombre estará en el corazón de la tierra tres días y tres noches."* (Mt 12;38-40). El argumento del investigador bíblico era contundente: Si Jesús murió el viernes y resucitó el domingo, entonces no se cumplió la única señal de su mesianidad: **que debía PERMANECER EN LA TUMBA tres días y tres noches completos**. Y para remediar esto, él establecía que la muerte de Jesús debió haber ocurrido otro día, que él fijaba en el mismo día de Pascua; es decir, el jueves de esa semana.

No voy a malgastar mucho tiempo rebatiendo este argumento que contiene evidentes errores, pero que aporta un punto de partida que es irrefutable: JESUS NO MURIO EL VIERNES, de lo contrario no se hubiera cumplido la **única señal** de su mesianidad, dada por Él mismo (tres días y tres noches en el sepulcro). Pero, este argumento abría

this argument would bring about new questions: How could he have died on Easter if all the books coincide about stating that it was the day before? Why didn´t the women go on Friday to embalm Jesus´ body, if supposely it was a work day? If three days and three nights make about 72 hours, then the idea of his death being on Thursday does not fulfill this requirement. Evidently, upon reaching this point, the subject becomes fascinating: If Jesus did not die on Thursday because it was Easter, then when did he die?

nuevos interrogantes: ¿cómo podía haber muerto el mismo día de Pascua si todos los textos coinciden en afirmar que fue la víspera? ¿Por qué las mujeres no acudieron el viernes a embalsamar el cuerpo de Jesús, si supuestamente era día laborable? Si tres días y tres noches configuran un lapso aproximado de 72 horas, entonces, el planteamiento de la muerte el día jueves, tampoco satisface esta condición. Evidentemente, al llegar a este punto, el tema se vuelve fascinante: Si Jesús no murió el viernes, como es obvio, y tampoco murió el jueves, porque era la Pascua, entonces, ¿cuándo murió?

## 3. THE RESEARCHING PROCESS

To start such an important research, we must start by a trustworthy premise, that is the same one we use when we deal with Bible subject matters: THE ANSWER IS IN THE BIBLE AND NOT ANY WHERE ELSE. Then, the answer will be found only in the Bible. On the other hand, and this is very, very important: we must understand that the information in the Bible the same way as the people who wrote it. We must not try to suit their expressions with *our own way* of understanding them because we could change their true meaning.

To give a definite solution to this problem, we must take **unquestionable data as reference.** We have no doubt about the fact that the passage above at Mt 12;38-40 fills up these requirements. Let us see why.

## 3. EL PROCESO INVESTIGATORIO

Para empezar una investigación de esta envergadura, es necesario partir de una premisa que sea totalmente segura y es la misma que hemos utilizado en otras ocasiones cuando tratamos el tema bíblico: LA RESPUESTA ESTA EN LA BIBLIA Y NO EN OTRO LUGAR. Luego, hay que encontrar la respuesta en el mismo texto bíblico. Por otro lado, y esto es muy, pero muy importante: Las expresiones de la Biblia hay que entenderlas tal como las entendían aquellas personas que escribieron los textos y no debemos acomodar dichas expresiones a *nuestra manera* de entender las frases hechas, ya que podemos distorsionar el verdadero sentido de la expresión Bíblica.

Para poder dar una respuesta definitiva al problema planteado, debemos tomar como referencia un dato que sea **definitivo e indiscutible.** Es indudable que el texto antes citado en Mt 12;38-40, cumple con estas características. Veamos por qué.

The text we mention above, has a conclusive importance, as far as the ONLY SIGN of Jesus` Messianic Character is concerned. On the other hand it is so clear, that there is no doubt about it. **It states: THREE DAYS AND THREE NIGHTS IN THE WOMB OF THE EARTH.** This means, with no further debating, that if Jesus was the Messiah, **HE SHOULD STAY IN THE GRAVE FOR 3 DAYS AND 3 NIGHTS, THAT IS TO SAY, HE SHOULD BE BURIED FOR 3 WHOLE DAYS.**

As far as this datum, we can quote the Jerusalem Catholic Bible: "This made up phrase, taken literally from Jon 2:1, refers to the lapse between Christ`s death and resurrection only approximately" (B.J. note on page 1321). We can only say that this commentary about the only sign of Jesus` Messianic Character, told by himself, **IS A WILD STATEMENT.**How can we accept that the time stated by Jesus himself, as THE ONLY SIGN OF HIS MESSIANIC CHARACTER should be taken only

El texto que estamos citando, tiene una importancia decisiva en cuanto a que ES LA UNICA SEÑAL de la mesianidad de Jesús expresada por Él mismo. Y por otro lado, es de una claridad que no admite la más mínima duda. **Lo dice, y lo repite: TRES DÍAS Y TRES NOCHES EN EL VIENTRE DE LA TIERRA.** Esto quiere decir, sin la menor discusión, que si Jesús era el Mesías anunciado, **DEBÍA PERMANECER ENTERRADO TRES DÍAS Y TRES NOCHES**; es decir, debía permanecer **TRES DIAS COMPLETOS ENCERRADO EN SU TUMBA.**

Respecto a este dato, podemos citar lo que dice la Biblia de Jerusalén [católica] refiriéndose a esta señal: "*Esta frase hecha, tomada literalmente de Jon 2:1, sólo de manera aproximada se aplica al intervalo entre la muerte y la resurrección de Cristo*" <B.J. nota en la pág. 1321>. Sobre esto, lo único que podemos comentar es, que esta anotación referida a la única señal de la mesianidad de Jesús, expresada por Él mismo, configura una **BARBARIDAD SIN NOMBRE.** ¡Cómo se puede aceptar que el término de tiempo señalado por el mismo Jesús como LA ÚNICA SEÑAL DE SU MESIANIDAD pueda ser tomado tan sólo como a-

as “approximate”! For goodness sake!!! Everything has a limit and this careless way of taking **THE ONLY** sign of Jesus` Messianic Character given by him, goes further beyond any allowed limit.

### 3.1 Jesus` Death did not happen on Friday.

Then, we have to establish three full days (72 hours) between the time he was buried and the time he resurrected, taking as a starting point, what Jesus himself said.

Let us try with Friday: if he were buried on Friday between 6 and 7 in the afternoon, then 72 hours later would be on Monday at dusk. This argument cannot be sustained because of what he himself manifested to his disciples WHEN HE WAS ALLREADY RESURRECTED.

Let us try with Thursday: If he were buried on Thursday between 6 and 7 p.m., then 72 hours

proximadamente! ¡Caramba! Todas las cosas tienen un límite y esta forma de tomar **LA ÚNICA** señal de la mesianidad de Jesús, dada por Él mismo, supera todos los límites permisibles.

## 3.1. La muerte de Jesús no ocurrió el viernes.

Entonces, tomemos como definitivo y como punto de partida, lo dicho por el mismo Jesús. Hay que establecer tres días completos (unas 72 horas) entre el momento de su sepultura y el momento de su resurrección.

Probemos con el viernes: Si fue enterrado el viernes entre las 6 y las 7 de la tarde, entonces, las 72 horas después, se cumplen el día lunes al anochecer. Este argumento es obviamente imposible de sostener, porque el domingo se manifestó a sus discípulos, YA RESUCITADO.

Probemos con el jueves: Si fue enterrado el jueves entre las 6 y las 7 de la tarde, entonces, las 72 horas

later would be on Sunday at dusk.

Here again, we find that these days don`t fulfill Jonah`s sign, since the belief in vogue is that he resurrected on Sunday at dawn.

Up to this point, the task of establishing Jesus` Death, without any doubt is an impossible task. However, we still have some arguments left that we must refute.

### 3.2. The Resurrection of Jesus did not happen on Sunday

The belief that was most spread around and most accepted (even by the most radical protestant groups) and that we have mentioned above is that Jesus resurrected on Sunday at dawn. This is a result of several sources for these mistakes. 1st. the early Christian Group was made up by Israelites, who

después, se cumplen el día domingo al anochecer.

Nuevamente, encontramos que este día no cumple con la señal de Jonás, puesto que la creencia más en boga es que resucitó el domingo en la madrugada.

Hasta este momento, parece que todo intento por establecer, sin ninguna duda, el día de la muerte de Jesús, es una tarea poco menos que imposible. Sin embargo, aún nos quedan otros argumentos que debemos impugnar.

### 3.2. La Resurrección de Jesús no ocurrió el domingo.

La creencia más divulgada y más aceptada (hasta por los grupos protestantes más radicales) y que hemos mencionado antes, es que Jesús resucitó en la madrugada del domingo. Esto es producto de varias fuentes de error. Primero, debido a que la primitiva comunidad cristiana estaba formada por israelitas, quienes tienen una forma

have a very peculiar way for establishing the days, as we will see later (see appendix 1). 2nd. There was an unquestionable influence of the Christians on the non Jewish communities, who did not take into account the Jewish traditions. 3rd. the Christian community had the tradition of not keeping the original data and dates, they would adjust their celebrations to different dates from the original ones, for doubtful reasons. (As an example, we have the Christian Easter on a different date from the Jewish Easter). It was imposed by the Nicean Council in the year 325. The celebration of Jesus` birthday, (winter time in the Northern hemisphere), when it is most likely that this event probably should have taken place in the fall in the Northern hemisphere, time when shepherding could be done at night, as it is mentioned in the Bible). Finally, for what it is stated in the conclusion of Mark`s Gospel, where apparently this issue is stated categorically.

muy peculiar de establecer los días, como veremos luego (ver Primer apéndice). Segundo, por la indiscutible influencia de los cristianos de comunidades no judías, que no tomaban en cuenta las tradiciones judías; y tercero, porque la tradición cristiana tenía la costumbre de no mantenerse fiel a los datos y fechas originales, y acomodaba sus celebraciones en fechas distintas a las fechas originales, movidos por razones de dudosa validez. (Para muestra de lo que se acaba de argumentar tenemos, la llamada Pascua Cristiana distinta a la Pascua Judía, impuesta por el concilio de Nicea en el año 325; y la celebración del nacimiento de Jesús en diciembre, que es pleno invierno en el hemisferio norte, cuando es evidente que este acontecimiento debió ocurrir probablemente en el otoño de ese hemisferio, tiempo en que puede pastorearse el ganado durante la noche, tal como se menciona en la Biblia).

Y finalmente, por lo que se afirma en la parte inicial de la conclusión larga al Evangelio de Marcos, donde, aparentemente, parece declararse esto en forma categórica.

Why do we dare to contradict something that was spread around: that Jesús resurrected on Sunday at dawn? Because if he had been buried at dusk and stayed in the grave for only 72 hours, then he should have resurrected also at dusk. But when? Well, on Saturday, since he WAS ALREADY RESURRECTED on Sunday at dawn. On the other hand, in Matthew`s text, there is an evidence that the Resurrection could not have happened at dawn. Let us see Matthew`s Gospel: *"While they were going, some guards went to the city to tell the holy priests what had happened. They gathered with the elders and had a council, so they gave the guards some money and warned them: "you have to say: his disciples came during the night and stole his body while we were sleeping".* Mt 28;11-13).

¿Por qué nos atrevemos a contradecir algo tan divulgado, como que Jesús resucitó en la madrugada del domingo? Pues, porque si fue enterrado al anochecer y permaneció enterrado únicamente unas 72 horas, entonces debió resucitar también al anochecer. Pero, ¿cuándo? ¡Pues, el sábado calendario! Ya que en la madrugada del domingo **ya estaba** resucitado. Por otro lado, en el texto de Mateo hay un indicio muy evidente de que la resurrección no pudo ocurrir en la madrugada. Leamos el Evangelio de Mateo: *"Mientras ellas iban, algunos de la guardia fueron a la ciudad a contar a los sumos sacerdotes todo lo que había pasado. Éstos, reunidos con los ancianos, celebraron consejo y dieron una buena suma de dinero a los soldados, advirtiéndoles: 'Tenéis que decir: Sus discípulos vinieron de noche y le robaron mientras nosotros dormíamos."* (Mt 28;11-13).

Here we can see a conclusive datum: The elders didn`t tell the soldiers that Jesus' disciples stole his body AT DAWN, but AT NIGHT. This is an evidence to state that the Resurrection did not happen at dawn on Sunday but on Saturday night. We can add to all these data an information about a very ancient Christian custom (preserved until now by the Catholic church) that is celebrating "Glorious Saturday". We ask ourselves: Why was there such a celebration in the early Christian communities? If the resurrection took place on Sunday, there was no reason to have a celebration "during mourning" and on top of it all, call it "Glorious Saturday". All these facts lead to think that the resurrection took place on Saturday (and not on Sunday), and subsequently, it was definitely changed to Sunday, The same as it was done with other Christian celebrations, and to avoid any further arguments as for the way the gentiles counted the civil days opposed to the

Aquí podemos ver un dato bastante concluyente: Los ancianos no dicen a los soldados que los discípulos de Jesús robaron su cuerpo DE MADRUGADA, sino DURANTE LA NOCHE, lo que es indicio suficiente para asegurar que la resurrección no ocurrió en la madrugada del domingo, sino en la noche del sábado calendario. A todo esto, podemos añadir una costumbre muy antigua en el cristianismo (y que todavía conserva la Iglesia Católica) que es la celebración del "Sábado de Gloria". Nos preguntamos: ¿por qué existió una fiesta como esta en la comunidad cristiana más primitiva? Si la resurrección supuestamente tuvo lugar el domingo, no había ningún motivo para instituir una fiesta "durante el luto" por la muerte de Jesús, y encima, llamarla el "Sábado de Gloria". Todo esto nos permite deducir con toda facilidad que la resurrección tuvo lugar el día sábado calendario (y no el domingo) y que posteriormente, se trasladó ya en forma definitiva al domingo, tal como se hizo con otras fiestas cristianas y por zanjar definitivamente la manera de contar el día civil, por todos los gentiles, en contraposición con la manera hebrea de

way Hebrews did it (see Appendix I)

### 3.3 Mark`s last statement

Mark`S last statement is a difficulty more apparent than real. If it is true that Mark`s conclusion is considered within the canon, it is also true, that is to say, it was written, subsequently to his death. Besides it, there are manuscripts as old as Mark`s Gospels, that don`t have the same conclusion. However, we do not object to what was said before. The problem is that it is a summary and the literal was not kept. Let us see why.

The present text (Nacar and Colunga) says: "*Once Jesus resurrected in the morning of the first day of the week, he first appeared before Maria Magadalena.......*" (Mk 16;9) If we go over the Greek version,

hacerlo (ver Primer Apéndice al final).

### 3.3. El final de Marcos.

El tema del final de Marcos es una dificultad más aparente que real. Si bien es cierto que la conclusión larga del libro de Marcos se considera dentro del canon, es también bien cierto que es un texto sobre el cual hay la total certeza que no pertenece al propio evangelista; es decir, fue escrita posterior a él a manera de colofón. Además, existen manuscritos de la misma época que no contienen esa misma conclusión. Sin embargo, nuestra objeción no está en lo antes dicho. Está en que siendo un resumen o colofón del relato, la traducción no ha conservado el tenor del contexto. Veamos por qué.

El texto actual (Nácar y Colunga) dice: *"Resucitado Jesús la mañana del primer día de la semana, se apareció primero a María Magdalena..."* (Mc 16;9). Si revisamos el texto griego,

we will see that the coma after "the first day of the week" was added in the Latin version by the Translator, since there is no coma in the original Greek version. Now, we can understand easily the origin of this coma because the Vulgata was written in the Vth century, when the idea of the resurrection on Sunday was spread around and this is what Christian communities believed officially. On the other hand, because it is a summary, it makes more sense to place the coma, as follows: *"Once Jesus resurrected, in the morning of the first day of the week he first appeared before Maria Magdalena….."* This version that is absolutely ours, agrees with the context of the colophon and with the preceding ones that have made clear that the resurrection did not happen at dawn and less in the morning, before Maria Magdalena. With this last statement, we have eliminated the last difficulty about the date of Jesus` Resurrection. Consequently, we can affirm categorically that JESUS RESURRECTED ON SATURDAY BETWEEN 6 AND 7 P.M.

veremos que la coma después del "primer día de la semana" ha sido añadida por el traductor al latín, pues no aparece en el original griego. Ahora bien, el origen de esta coma se comprende fácilmente, debido a que la Vulgata fue escrita en el siglo V cuando ya se había generalizado la creencia de la resurrección en día domingo y ésta era la creencia oficial de la comunidad cristiana de entonces. Por otro lado, tratándose de una conclusión o resumen, tiene más sentido colocar la coma en la forma siguiente: *"Resucitado Jesús, la mañana del primer día de la semana se apareció primero a María Magdalena..."* Esta versión que es totalmente nuestra, tiene más concordancia con el contexto del colofón y con los antecedentes ya esclarecidos de que la resurrección no ocurrió en la madrugada, y menos en la mañana ante María Magdalena.

Con esto, queda eliminada la última dificultad sobre la fecha de la resurrección de Jesús. En consecuencia, podemos afirmar categóricamente, y sin la más mínima duda, que JESÚS RESUCITÓ EL SÁBADO CALENDARIO ENTRE LAS SEIS Y LAS SIETE DE LA NOCHE.

## 3.4 When did Jesus die?

Now, we have to establish the day when Jesus died. For this purpose, we only have to go back 72 hours, starting from the resurrection, that has already been established as on Saturday evening. Upon doing this, we arrive at an amazing date: **Jesus died on wednesday.**

Upon getting to this almost unbelievable point, new doubts come suddenly to us about this deduction. However, our doubts started fading away one after the other until we could reconfirm Wednesday as the date. Let us see how.

Let us take this conclusion as true and that Easter time fell on Thursday (we will verify this is true later), then we come across a question: Why didn`t the women embalm Jesus on Friday, when apparently, it was a work day? The answer is obvious: Friday was also a Holiday, thus, as Jews could not be in touch with the dead on Holidays, so

## 3.4. ¿Cuándo murió Jesús?

Ahora sólo nos falta establecer el día de la muerte de Jesús. Y para ello, no nos queda más que retroceder las setenta y dos horas de la señal mesiánica a partir de la resurrección, establecida ya el sábado al anochecer. Al hacerlo, llegamos a una fecha sorprendente: **La muerte de Jesús ocurrió el día miércoles.**

Al llegar a este punto, casi increíble, nos asaltan nuevas dudas sobre esta posible conclusión. Sin embargo, se van disipando una tras otra hasta reconfirmar el miércoles como la fecha verdadera. Veamos cómo.

Tomemos como cierto este resultado y que la Pascua cayó en jueves (luego probaremos que esto es exacto), nos viene la pregunta: ¿por qué las mujeres no embalsamaron a Jesús el día viernes que aparentemente era laborable? Y la respuesta cae por propio peso: ¡el viernes también debía ser feriado, y por ello, como los judíos no podían tener contacto con los muertos durante los feriados, para no quedar impuras

not become impure in the middle of the celebration, they did not go to Jesus` grave on Friday¡

To justify this argument, let us look at the Old Testament. In the Leviticus, we read: *"The first month, on the 14th of the month, between two lights, it is Jehova´s Easter. AND ON THE 15TH OF THE MONTH, IT IS AZIMUS CELEBRATION..."* (Le 23; 5-6 and Nu 28;16-17) (the underlining is ours). It is very clear, that Easter was preceding another inseparable celebration, the Azimus (no yeast) celebration. Or we can say, that on Easter week, **there were two successive holidays: Easter and Azimus.** This is why the two celebrations intermingle, as we can see in Lc 22;1. This criteria explains very well why the women didn´t embalm Jesus´ body on Friday, **since it was a holiday** and they could not become contaminated during that celebration. This also will help us to discard, once and for all, that Easter would have been on Saturday of that week, as it was popularized. Because if this is the way

en plena fiesta, ellas no acudieron el viernes a la tumba de Jesús!

Para justificar esto, miremos el Antiguo Testamento. En el libro de Levítico leemos lo siguiente: *"El mes primero, el día catorce del mes, entre dos luces, es la Pascua de Yavé. Y EL DIA QUINCE DEL MES ES LA FIESTA DE LOS ÁZIMOS..."* (Le 23;5-6 y Nu 28;16-17) (el subrayado es nuestro). Está por demás claro que la Pascua precedía a otra fiesta inseparable, que era la fiesta de los Ázimos. O dicho de otro modo, en la semana de la Pascua, **siempre** había **dos feriados seguidos: la Pascua y los Ázimos**; es por esto que en el texto bíblico se entremezclan ambas fiestas tal como se ve en Lc 22;1. Con este criterio queda bien explicado el por qué las mujeres no fueron a embalsamar a Jesús el día viernes, pues, **porque también era feriado** y no podían contaminarse durante esa fiesta. Y esto, a su vez, nos sirve para desestimar en forma definitiva la posibilidad de que la Pascua cayera el mismo día sábado de esa semana, como se cree corrientemente, pues de ser así, el día siguiente de esta supuesta Pascua en

it could have been, then the next day of the supposed Easter on Saturday, (on the 15$^{th}$ of the month), that was a Sunday, should have been a holiday (as we have stated before) and it was not allowed to come close to corpses on holidays not to be impure on celebration days. On the other hand, it is clearly mentioned in Jo 19,31, when it says: THAT SATURDAY WAS GREAT (Note.- Here we have to take Saturday as Shabbat, that is repose day). What do they mean by "was great", well, it meant there were THREE SUCCESSIVE HOLIDAYS: Thursday = Easter; Friday=The Azimus; and Saturday = Seventh day or normal resting day of the week.

Finally, the interpretation commonly used and given to this phrase the "great Saturday" is that the Evangelical priest tried to point out that Easter and Saturday were the same day on that particular week. However this affirmation is wrong. Because if it were true, the Azimus celebration would be on Sunday (one day after this supposed Easter) and should have a holiday; and we have already proved that this is not the way it could have been.

sábado, día quince del mes, que era el domingo, debía ser feriado (como ya se ha aclarado) y no se permitía tomar contacto con cadáveres en los días de la fiesta, para no quedar impuros durante la celebración. Por otro lado, hay una clara referencia a este hecho en Ju 19;31, cuando dice que ERA GRANDE AQUEL SABADO. (Nota.- Aquí debe tomarse el término sábado = shabbat = feriado). A qué se refiere con que "era grande"; pues, a que había TRES FERIADOS SEGUIDOS: El jueves = la Pascua; el viernes = los Ázimos; y el día sábado = el séptimo día o día de descanso semanal.

Finalmente, la interpretación que se ha querido dar corrientemente a esta frase de "sábado grande" es que el evangelista pretendió remarcar que la Pascua y el sábado semanal cayeron en un mismo día en esa semana. Sin embargo, esta afirmación es incorrecta porque de ser así, el domingo (día siguiente de esta supuesta Pascua) correspondería a la fiesta de los Azimos y debía ser feriado; y ya hemos comprobado que esto no pudo haber sido así.

To end with this deduction, it is important to make clear that as many believe that the Jewish Easter should always have been on Saturday. This is not true since the Jewish week was not linked to moon phases, this is the reason why Easter time should not necessarily be on Saturday. Our research has shown, starting from the Bible text, that Easter time, on the week that Jesus died, was not on Saturday of that particular week.

Para terminar con esta deducción, es necesario aclarar algo que puede quedar en duda todavía, y es, la creencia de muchos, que la Pascua Judía debía caer siempre en sábado. Esta creencia es incorrecta ya que la semana de los judíos estaba desligada de las fases lunares y es por ello que la Pascua no debía coincidir necesariamente con el sábado de la semana; y en nuestras argumentaciones anteriores hemos demostrado a partir del texto Bíblico, que la Pascua de la semana en que murió Jesús, no coincidió con el sábado de esa semana.

## 4. CONCLUSIONS

4.1 Easter, the year Jesus died, was on Thursday.

4.2 Jesus died one day before, that is on Wednesday.

4.3 Jesus resurrected on Glorious Saturday, as the early Christian community celebrated.

4.4 Jesus satisfied wholly the Messianic Character, about being buried during three days and three nights, confirming that He was the expected Messiah.

**ALLELUJAH¡**

**ALLELUJAH¡**

**ALLELUJAH¡**

**ALLELUJAH¡**

## 4. CONCLUSIONES

4.1. La Pascua, del año en que murió Jesús, ocurrió el día jueves.

4.2. La muerte de Jesús ocurrió el día anterior, miércoles.

4.3. La resurrección de Jesús ocurrió el Sábado de Gloria (sábado calendario), tal como lo celebraba la comunidad cristiana primitiva.

4.4. Jesús cumplió **TOTALMENTE** la señal mesiánica de estar enterrado tres días y tres noches, lo que ratifica una vez más que Él era el Mesías esperado.

¡ALELUYA!

¡ALELUYA!

¡ALELUYA!

**¡ALELUYA!**

# 5. APPENDIXES

## 5.1 FIRST APPENDIX: The Jewish Calendar

The Jewish people had a peculiar way of counting the days of the week. They would consider the beginning of a new day the sunset time of the previous and the end of that day the next sunset. Unlike us, that we consider the beginning of a new day at midnight, like most of the people in the Roman Empire. This was established due to the fact that the new moon appears at dusk, and as we all know, The Jewish have a sun-moon calendar.

From the calendar point of view, Jesus resurrected on Saturday. However from the Jewish point of view, the resurrection would have occurred on Sunday. It happened (as we have well established) according to our calendar, on Saturday between 6 and 7 p.m. (after

## 5. APÉNDICES

### 5.1. PRIMER APÉNDICE: El calendario de los judíos.

Los judíos tenían una forma muy peculiar de contar los días de la semana. Consideraban el comienzo de cada día, no a partir de las doce de la noche como hacemos nosotros y la mayoría de los pueblos durante el imperio romano, sino a partir de la puesta del sol del día anterior, y su duración era hasta la siguiente puesta del sol. Esto fue establecido debido a que la luna nueva aparece al atardecer y como bien se sabe, el calendario judío era solilunar.

Desde el punto de vista estrictamente calendario, la Resurrección de Jesús ocurrió el día sábado calendario; sin embargo, desde el punto de vista judío, es aceptable considerar la Resurrección como ocurrida en domingo; por cuanto sucedió (como hemos dejado bien establecido) el sábado calendario entre las seis y las siete de la noche (ya pasada la puesta del

sunset) This difference, in my opinión, is the one that caused all the doubts about which day it was. Then the Christian tradition of establishing Sunday (but not at dawn) as the day Jesus resurrected, cannot be taken as something without any basis. However, we want to be emphatic on the fact that THE CALENDAR DAY WHEN JESUS RESURRECTED WAS SATURDAY EVENING.

puesta del sol). Esta diferencia en la manera de medir los días, es la que a nuestro juicio motivó las dudas y las confusiones subsiguientes entre uno y otro día. Por consiguiente, la posterior tradición cristiana de establecer el domingo, (pero, ¡ojo!, no de madrugada) como el día de la Resurrección de Jesús, no se puede tomar como algo totalmente sin fundamento; sin embargo, volvemos a ser enfáticos en que EL DÍA CALENDARIO EN QUE JESÚS RESUCITÓ, FUE EL SÁBADO EN LA NOCHE.

## 5.2 SECOND APPENDIX: The term "Parasceve"

When I had finished writing this text, a friend of mine called my attention on: The Parasceve. If we look up any dictionary for the word Parasceve, we will see it means the holy Friday of the Catholics. If we look at the Bible, we will see that this term appears in Mt 27; 62. My friend told me that if the Parasceve referred to the holy friday, then it would be very easy to deduce that Easter, that particular year, would have been on Saturday, and all my arguments would colapse. However, this deduction is wrong: the origin of the term is not Christian but it is Jewish. They would use the term Parasceve (preparation) for the eve of any holyday (in this case the Easter), **whether it was Saturday or not.** We have already seen, above, that the Jewish Easter was changeable and therefore, the term Parasceve could not be attached to a fixed day (Friday) as Catholics propose. On the contrary it is easy to understand that its meaning at present,

## 5.2. SEGUNDO APÉNDICE: El término "Parasceve".

Cuando había terminado de redactar este documento por primera vez, un amigo me planteó una objeción: La Parasceve. Si vemos en cualquier diccionario enciclopédico, el término Parasceve se refiere al llamado viernes santo de los católicos. Si tomamos la Biblia veremos que este término aparece en Mt 27;62. El amigo me argumentó que si la Parasceve se refiere al viernes santo, entonces sería muy fácil deducir que la Pascua de ese año había caído en sábado y toda la argumentación anterior se vendría abajo. Sin embargo, esta deducción es también errada, por lo siguiente: El origen del término no es cristiano, sino judío. Se designaba como Parasceve (=preparación) a la víspera de todas las fiestas (en este caso la Pascua), **cayera ésta en sábado o no.** Ya hemos visto, líneas arriba, que la Pascua Judía era una fiesta movible, y por consiguiente, el término Parasceve no podía estar ligado a un día fijo de la semana (viernes), tal como lo toman los católicos. Por el contrario, es muy fácil comprender que la acepción actual del término, es con-

is a consequence of the subsequent meanings attached to it within the Christian tradition, starting from the Vulgata and not on the contrary.

secuencia de las concepciones posteriores dentro de la tradición cristiana a partir de la Vulgata, y no a la inversa.

## 5.3. THIRD APPRENDIX: The expression "on the third day"

The expression "on the third day", has brought many arguments and confrontations between the involved parties, who have almost forgotten completely, that it is more important to know the truth and live it than Pursuing personal or group positions. However, we must admit as normal that, those who have pursued, for centuries a wrong idea, as a truth, hold on to it, even though, they are changing the meaning of the expressions in the Scriptures ( like the Jerusalem Bible), as long as they ca get away in argumentative controversial situations. This attitude is totally unhealthy, because sooner or later , the truth will come up and those who taught wrong ideas , will be regarded as lying. Unfortunately, the people`s attitudes have always been, to go against the truthfulness of the Gospels and against Jesus`s Mission as redemeer. (This reminds us of Martin Luther, who at present, is acknowledged

## 5.3. TERCER APÉNDICE: La expresión "al tercer día".

La expresión "al tercer día" ha traído muchas discusiones y enfrentamientos entre partes interesadas que han olvidado casi por completo que es mucho más importante conocer la verdad y ponerla en práctica, que mantener a ultranza posiciones personales o de grupo. Sin embargo, hay que reconocer que es muy natural que quienes han mantenido por siglos una idea equivocada como cierta, se aferren con "dientes y uñas" a sus argumentos aún deformando las expresiones de las Escrituras (como en la Biblia de Jerusalén), con tal de salir bien librados en las discusiones sobre temas que despiertan controversia. Esta actitud es por demás malsana, porque tarde o temprano la verdad será conocida por la mayoría, y quienes enseñaron cosas erróneas quedarán como mentirosos, y desgraciadamente, como resultado de ello, la reacción de las gentes, será en contra de la veracidad del Evangelio y en contra de la misión salvadora de Jesús (esto me recuerda el caso Martín Lutero, a quien hoy día se le reconoce casi toda la razón en sus

for his claims, thought as right, but who has not deserved neither justice nor replevin from the Roman priesthood).

To have clear ideas about controversial statements about the Bible, we must take into account some fundamental issues:

First: we must take into account the way of thinking, people who witnessed those events, had in those times. Besides, we must not forget that their customs and ways of expressing themselves were different form our way of understanding the same events and sayings. They change throughout the time because of our parameters in our present lives.

Second: We must not forget that some Biblical expressions had a hierarchical order in regards with others. Some expressions refer to others which have the original idea of the concept. In such cases, we must establish which is

reclamos, pero sin embargo no ha merecido en justicia, la correspondiente reivindicación oficial de la Curia Romana).

Para dilucidar con toda claridad cualquier diferencia de opinión en cuestiones de la Biblia hay que tener en cuenta estos puntos fundamentales:

En primer lugar, es muy importante ubicarse en el contexto de pensamiento de las gentes que fueron testigos de los acontecimientos narrados en el Texto Sagrado; y además, no hay que olvidar que las costumbres de ellos y su manera de expresarse, pueden ser (de hecho lo son) diferentes al modo en que nosotros entendemos los mismos hechos y dichos, y que en la distancia del tiempo resultan deformados por los parámetros de nuestra vida actual.

En segundo lugar, no hay que perder de vista el orden jerárquico de algunas expresiones bíblicas respecto de otras, donde unas expresiones son referencias de otras que contienen la idea original de las frases. En estos casos, hay que establecer bien, cuál es la expresión

the original important expression, and which the derived one. If we don`t see this, and we take the derived idea as the original one idea, we can make a big mistake. Let us then, remember, this hierarchical order about the Biblical expressions and we will avoid making mistakes. Especially with topics that apparently can have a dual understanding.

Third: This is the most important one: THERE CANNOT BE CONTRADICTIONS BETWEEN JESUS` EXPRESSIONS ABOUT THE SAME TOPICS, THROUGHOUT THE BIBLE, AND EVEN LESS ABOUT SUCH A TRANSCENDENTAL TOPIC AS HIS MESSIANIC CHARACTER.

Let us extend a little bit the three above mentioned points.

The term "On the third day" and all its deviations must not be understood (as we have already mentioned) by USING OUR PRESENT PARAMETERS TO MEASURE TIME. Moreover, and this is the right way,

medular y cuál la referencial a ella. Si esto no se tiene bien en cuenta y se toma la frase referencial como la expresión primaria, se puede cometer errores de concepto bastante grandes. Tengamos entonces muy presente este orden jerárquico entre expresiones de la Biblia y evitaremos cometer muchos errores, sobre todo en temas que aparentemente pueden prestarse a un entendimiento dual.

En tercer lugar, y esto es lo más importante (aunque lo ponemos al final para que sirva de remate argumental) NO PUEDE HABER CONTRADICCIONES ENTRE EXPRESIONES DE JESÚS SOBRE UN MISMO TEMA, MANIFESTADAS EN EPISODIOS DISTINTOS DE LOS EVANGELIOS Y MENOS EN UN TEMA TAN TRANSCENDENTAL COMO EL DE SU MESIANIDAD.

Ampliemos un poco los tres puntos anteriores.

La expresión "al tercer día" y sus variantes, no debe entenderse (como ya se dijo) UTILIZANDO NUESTROS PARÁMETROS ACTUALES PARA MEDIR EL TIEMPO; más bien, y esto es lo correcto, debe en-

we must understand the expressions with the approach and giving them, the sense and approach Hebrews had in Jesus` times. We have clocks and are used to measure fractions of time; they didn`t have clocks and so, they were not used to express themselves in fractions of time as accurate expressions. They used expressions that to our understanding would seem ambiguous. Let us look at this minutely:

In the first chapter of the Genesis we read: "...and there was afternoon and morning, on first day." (Ge 1:5) "...and there was afternoon and morning, a second day". (Ge 1:8) "...And there was afternoon and morning, a third day." (Ge 1:13). Here, we can see clearly that the ordinal denomination of the day is expressed once the day, referred to, had passed. So that the idea they had of a day was OF FULL DAYS and the way we should understand the expressions "on the third day" or "in three days" is: ONCE THE THREE FULL DAYS HAVE PASSED and **not fractions** of them.

We can find a confirmation of this way of talking, in the first chapter of

tenderse en la forma y con el sentido en que los hebreos de los tiempos de Jesús lo entendían. Nosotros tenemos relojes y estamos acostumbrados a medir continuamente fracciones de tiempo, en cambio ellos no tenían relojes y por eso, no acostumbraban expresar fracciones de tiempo con expresiones precisas, sino con expresiones que a nosotros nos pueden parecer ambiguas. Revisemos esto al detalle.

En el primer capítulo del Génesis leemos: "...Y hubo tarde y mañana, un día primero." (Ge 1:5). "...Y hubo tarde y mañana, un segundo día." (Ge 1:8). "...Y hubo tarde y mañana, un día tercero." (Ge 1:13). Aquí vemos con extrema claridad que la denominación ordinal del día, está expresada una vez TRANSCURRIDO EL DIA COMPLETO al que se hace referencia, de manera que la idea de día que se tenía entonces es de DÍAS COMPLETOS y que la forma de entender la expresión "al tercer día" o "en tres días" es: LUEGO DE TRANSCURRIDOS TRES DÍAS COMPLETOS y **no fracciones** de días.

A este respecto encontramos una confirmación de esta manera de hablar

John`s Gospel when in his poem 29 we read: “the next day, he contemplated Jesus, who would come towards him....” In poem 35, we read: "...again, next day John was standing up..." in poem 43, we read “next day, he wanted to go to Galilea."

We can see clearly that he is describing a succession of daily events along three days in a row, when Jesus participates and continues in chapter 2, where we read:" Well, now on the third day there was a wedding banquet in Cana of Galilea......" (V. NM.) “on the third day..." V.Nc. However, on the literal translation from the Greek text we read: “and on the third day, there was a wedding banquet on Cana of Galilea..." As the Evangelical priest is talking about successive days on Jesus activities, it becomes evident that the reference about the “third day" should mean

en el primer capítulo del Evangelio de Juan cuando en el verso 29, leemos: *"Al día siguiente contempló a Jesús que venía hacia él..."* En el verso, 35 leemos: *"De nuevo al día siguiente Juan estaba de pie..."* en el verso 43, leemos: *"Al día siguiente él deseó partir para Galilea."*

Aquí se ve con toda claridad que está describiendo una sucesión diaria de eventos durante tres días seguidos en los que Jesús participa y que continúan en el capítulo 2 en donde leemos: *"Ahora bien, al tercer día se efectuó un banquete de bodas en Caná de Galilea..."(v. NM). ("Al tercer día..." v. NC)* Sin embargo, en la traducción literal del texto griego se lee: "Y en el día tercero un matrimonio se celebraba en Caná de Galilea..." Como el evangelista está hablando de días sucesivos, es evidente que esta referencia al "tercer día" luego de haber mencionado las actividades de Jesús durante los tres días sucesivos anteriores, debe leerse para nosotros

for us: HAVING PASSED THE THIRD FULL DAY, etc.

As far as the second point, there is a hierarchical order relationship between Jesus´ expression "...three days and three nights..." And the expression "on the third day". The first one is **the sign of his Messianic Character**, as it is explained clearly in Mt 12;38-40 and the second one refers to it, and it is not the opposite, as some have wanted to sustain cleverly. Nobody can argue the clear meaning of Jesus´ prophetic phrase of his Messianic Character nor the emphatic way, how **he repeats this sign of three days and three nights** (so that nobody could understand something different).

Let us, then, go over all the texts where the expression "on the third day" appears.

The list of the times we can find the expression, "on the third day", referring to Jesus´ resurrection is as follows: Mt 16;21, Mt 17;23, Mt 20;19, Lu 9;22, Lu 18;33, Lc 24;7, Lu 24;21, Lu 24;46, Ac 10;40, and 1Cor 15;4.

como TRANCURRIDO EL TERCER DIA COMPLETO, etc.

En cuanto al segundo punto, hay una relación de orden jerárquico entre la expresión de Jesús "...tres días y tres noches...", y la expresión "al tercer día". La primera expresión es **LA SEÑAL DE LA MESIANIDAD** tal como se indica en forma explícita en Mt 12;38-40, y la segunda expresión es una REFERENCIA A ELLA y no a la inversa como se ha querido sostener amañadamente muchas veces. Nadie puede discutir la claridad de la frase profética de Jesús cuando anuncia la UNICA señal de su mesianidad, ni la forma categórica en que la pronuncia **repitiendo la señal de tres días y tres noches completos** (como para que nadie pueda entender algo distinto).

Revisemos, pues, TODOS los textos en donde aparece la expresión "al tercer día".

La lista de apariciones en los Evangelios de la expresión "al tercer día" referida a la Resurrección de Jesús es la siguiente: Mt 16;21, Mt 17;23, Mt 20;19, Lc 9;22, Lc 18:33, Lc 24;7, Lc 24;21, Lc 24;46, Hch 10;40 y 1Cor 15;4.

If we take all these quotations incorrectly, the way we speak nowadays, it would seem that the adepts of "the third day" would be right. However they forgot the most important quotation: Mt 27;64.

The "last shot" against the arguments of the adepts of "the third day", if we can use this expression in a biblical topic, we find in Matthew´s Gospel: "..... after three days, I will resurrect, then have the grave protected until THE TIRAD DAY, otherwise it might......" Mt 27,63-64 ( versions Nc, RV and NM, the underlining is ours). It is important to take into accaount that the Greek Text has the GREEK WORD *μετα* for later or afterwards, which means FARTHER ON, PASSED.

I think Matthew´s last quotation is more forceful than any other argument, that could be put forth. It clarifies completely and definitely the correct meaning that should be given to the expression "on the third day."

En todas estas citas la expresión mencionada, si la tomamos incorrectamente de la manera en que hablamos en la actualidad, se presenta en una forma que parecería darles la razón a los partidarios del "tercer día", sin embargo, se olvidaron de la cita más importante: Mt 27:64.

El "tiro de gracia" contra los argumentos de los partidarios de "al tercer día", si cabe esta expresión en un tema bíblico, lo encontramos en el capítulo 27 del Evangelio de Mateo donde se lee: "...DESPUÉS DE TRES DÍAS RESUCITARÉ. Manda, pues, guardar el sepulcro HASTA EL DÍA TERCERO, no sea que..." Mt 27;63-64 (versiones NC, RV y NM, el subrayado es nuestro), y téngase en cuenta que el texto griego usa para el término DESPUÉS la palabra griega *μετα* = MÁS ALLÁ, TRANSCURRIDO, SOBREPASADO.

Creo que esta última cita de Mateo es más contundente que cualquier otro argumento que se pueda esgrimir y aclara total y definitivamente el sentido correcto que se debe dar a la expresión "al tercer día".

However, there is something more, we have the case of Emaus´ disciples. When they talk to Jesus, they say "*...It has been already the third day, since all these things happened*." (Lc 24;21). Here, we have a more than curious case: Emaus' disciples were discouraged because there were no news about Jesus´ Resurrection, and I ask myself: why are they discouraged, if the third day had not been over yet? If as the adepts of "the third day" wanted to understand that the Emaus Disciples were talking about the third day (and not about the day already passed), then there is no explanation for them being discouraged because there were still many hours left for Jesus to fulfil this sign of his Messianic Character, that is resurrecting "on the third day". However, it is more than evident that the discouragement of the Emaus disciples was due to the fact that THREE DAYS ( sign of his Messianic character) had passed, which is the correct way how this expression: "it is the third day" should be understood. Otherwise, the Emaus disciples' discouragement does not make any sense because, as we have said, there were many hours left for Jesus to

Pero todavía hay más. Tenemos el caso de los discípulos de Emaús. Cuando ellos hablan con Jesús dicen: *"...éste es ya el tercer día desde que ocurrieron estas cosas."* (Lc 24;21) Aquí tenemos un caso más que curioso: los discípulos de Emaús están desalentados porque no hay noticias de la resurrección de Jesús. Y yo me pregunto: ¿Por qué ese desaliento, si supuestamente (desde la óptica de los partidarios del "tercer día") todavía NO HABÍA TERMINADO EL TERCER DÍA? Si como quieren entender los partidarios del "tercer día", los discípulos de Emaús están hablando del tercer día (y no de transcurrido éste), no hay ninguna explicación de esa actitud triste, si supuestamente todavía quedaban muchas horas para que Jesús cumpliera la señal de su mesianidad resucitando "al tercer día". Sin embargo, es más que evidente que ese desaliento de los discípulos de Emaús se debía a que YA HABíAN TRANSCURRIDO LOS TRES DÍAS COMPLETOS DE LA SEÑAL DE LA MESIANIDAD, que es la forma como debe entenderse correctamente esta Expresión: "es ya el tercer día". De otra manera no tiene sentido esta actitud de tristeza de los discípulos de Emaús, por cuanto, como ya hemos dicho, aún quedaban muchas horas para

resurrect "on the third day."

As far as the third point is concerned, the attitude of this stubborn people seems to us, very dangerous. They hold on their mistaken point of view (that cannot be sustained because of the arguments presented above), since if we want to validate that Jesus gave a sign of his Messianic Character in Matthew´s text of THREE FULL DAYS IN THE GRAVE And then he would only have been LESS THAN TWO DAYS, or that he would have given a sign of THREE FULL DAYS in the grave and then he would have said he would do it during the lapse of the third day. It would be, to say the least, not serious and that rather than being a sign of his Messianic Character, it would be a sign of a lack of reliability; so we would not trust it as the detractors of Jesus and his Gospel do. Those detractors have appeared due not to the mistakes in the concept of the phrases but to the concept mistakes

que Jesús pudiera resucitar en "el tercer día".

En cuanto al tercer punto, de que JESUS NO PUEDE CONTRADECIRSE A SI MISMO, nos parece ya de mucha gravedad para la doctrina evangélica, que los empecinados en mantener un punto de vista erróneo (y que ya no se puede sostener dados los contundentes argumentos expuestos líneas arriba) insistan todavía en aferrarse tercamente a su error. Ya que de querer dar por válido que Jesús dio en el texto de Mateo una señal de su mesianidad de TRES DÍAS COMPLETOS ENTERRADO y que luego cumpliese enterrado en la tumba, un término de tiempo de MENOS DE DOS DÍAS, o que diese una señal de TRES DÍAS COMPLETOS EN LA TUMBA, y que luego dijese que lo haría durante (¡?) el transcurso del tercer día de manera contradictoria, nos parece, para no decir algo más duro, que en lugar de ser una señal de mesianidad, es una señal de muy poca seriedad, y que con toda justicia se hace merecedora de nuestra total desconfianza y de la desconfianza que demuestran los muchos detractores de Jesús y de su Evangelio; detractores que han aparecido debido, no a defectos en la doctrina, sino a estos errores de concepto arrastrados a

dragged along the history of Christianity. However, those of us, who are faithful followers of Jesus and his teachings, must refuse this possibility. We must understand that whenever the phrase "on the third day appears," has to be understood (as we have explained above) as passed THREE DAYS and not something else.

Thus, there is no need to sow doubts about the fulfilment of the only sign of Jesus´ Messianic Character, given by him. Otherwise, we would be discrediting the redemptive Mission of our Master and Savoir, **JESÚS THE CHRIST.**

través de toda la historia del cristianismo. Sin embargo, quienes nos consideramos fieles seguidores de Jesús y de su enseñanza, debemos rechazar de plano esta posibilidad y tener por seguro que cuando se hace referencia "al tercer día", la única manera de entender esta expresión (tal como se ha explicado líneas arriba) es que la citada referencia indica categóricamente que Jesús RESUCITARIA TRANSCURRIDOS TRES DIAS COMPLETOS y no en el transcurso de fracciones de días.

De esta manera queda totalmente en claro y sin la más mínima duda, que Jesús era el Mesías esperado y no se deja ninguna posibilidad para que los detractores de su doctrina, puedan sembrar dudas sobre el cumplimiento, por parte de Jesús, de la ÚNICA señal que de su mesianidad diera Él mismo. De lo contrario, no nos mereceríamos el calificativo de discípulos de Jesús, ya que sosteniendo una postura errónea, tal como ya lo hemos demostrado, estaríamos contribuyendo a desacreditar la misión redentora de nuestro Maestro y Salvador, Jesús, bien llamado: **EL CRISTO.**

## 6. THE DAY OF OUR LORD

Some people plead a new argument quoting the following subject: *The first day of the week was called Sunday because it was named as "The Day of our Lord", to commemorate Jesus´ Resurrection, then any argument against it, has no value.*

This argument has its origin in the complete ignorance about the events during the Evangelization of the Gentiles, in the first centuries of Christianization, and what is written on the Bible.

Paul and his close collaborators, were Jews, so they would keep the Sabbat, Saturday, as the law commanded. This is why they would refuse to do any chores (not even the evangelization or celebrating of the commemoration of the Last Supper) on Saturday, this is the reason why they would travel during the week and would try to be home on Saturday to rest and follow the Law. Thus, it was the next

## 6. EL DÍA DEL SEÑOR

Algunas personas alegan un nuevo argumento citando el tema siguiente: *El primer día de la semana recibió el nombre de domingo porque se le denominaba el "Día del Señor" en conmemoración de la resurrección de Jesús y por consiguiente, cualquier argumento en contra, no tiene validez.*

Este razonamiento tiene su origen en un desconocimiento total de cómo ocurrieron los hechos durante la evangelización de los gentiles en los primeros siglos del cristianismo y de lo que está escrito en la Biblia.

Pablo y sus colaboradores cercanos eran de origen judío y por ello, guardaban celosamente el sábado como dice La Ley. Por esta razón, siempre se negaron a realizar ninguna tarea (ni siquiera de evangelización o la celebración del Ágape con la conmemoración de la Última Cena) durante el sábado, y por ello, también, siempre viajaban durante la semana procurando llegar a la ciudad de destino el sábado para descansar y cumplir con La Ley y por consiguiente, era al día siguiente (el

day, (the first day of the week) that they would evangelize and have the banquet (The Lord´s Supper) and so the first day of the week, became little by little, a custom for the first Christians of the Gentile people. So, with the passage of time, for them, the first day of the week was the "Day of the Lord" and they started calling it Sunday (dies dominica) that means "The Day of the Lord".

Subsequently, they wanted to re-interpret this name associating it with the day (Sunday), when Jesus was supposed to resurrect, which as we have stated, is absolutely wrong.

On the other hand this denomination of the first day of the week Sunday) as "the day of the Lord" is a very

primer día de la semana) que se dedicaban a evangelizar y a realizar el Ágape en ese día. Esta continua coincidencia entre el día de la celebración del Ágape (Cena del Señor) y el primer día de la semana, fue poco a poco estableciéndose como una costumbre para los primeros cristianos de los pueblos gentiles, así que con el tiempo, para ellos, el primer día de la semana era el "Día del Señor" y por eso lo empezaron a identificar con el nombre de "domingo" (dies domínica) que significa precisamente "el día del Señor".

Posteriormente, se ha querido reinterpretar esta denominación asociándola con la supuesta resurrección de Jesús en domingo, asociación que como hemos demostrado, es totalmente incorrecta.

Por otro lado, esta denominación del primer día de la semana (domingo) como "el día del Señor" es un craso

big mistake. It shows a complete lack of knowledge of the Sacred Scriptures and of the words of Jesus.

In Matthew´s Gospel, we read: *"Because the Lord of Saturday is what the Son of Man is."* (Mt 12:8). We question ourselves: If Jesus, himself, said, he was THE LORD OF SATURDAY, who has the right to correct what was said by him with the purpose of making up another day as HIS day? Were there other people after Jesus, who, could have more authority than him and thus could have amended his words?

Consequently, this idea about Sunday as "the Day of the Lord" is another wrong concept, that has to be corrected.

error, y demuestra un desconocimiento total de la Sagrada Escritura y de las palabras de Jesús.

En el Evangelio de Mateo se lee: "*Porque Señor del sábado es lo que el Hijo del hombre es*" (Mt 12:8). Nos preguntamos: Si Jesús mismo afirma categóricamente que Él es SEÑOR DEL SABADO, ¿con qué derecho vienen otras personas a corregir lo dicho por Él a fin de inventar otro día de la semana como SU día? ¿Es que hubo otras personas después de Jesús con más autoridad que Él y que podían enmendar sus dichos?

En consecuencia, esto del domingo como "día del Señor" es otro concepto errado que hay que corregir.

## 7. FINAL COMMENTARY

We are living in a century when our knowledge and technology are developing. We have a newer and greater chance to know our world and history better. We count now on resources to research our History. The chances archaeology has, at present, make it evident that, even if it is true that the original Historical documents have been lost, new material is found which clarifies and enlightens the information we have from our past history. As examples, we can mention the discovery of the city of Jerico and the parchments to the death Sea.

This is the reason, although we don´t want to appear as gullible before each new discovery (beware of the fakes¡), why we must have open minds to accept any new information about historical facts, that once have been duly confirmed must be incorporated to our cultural heap.

## 7. COMENTARIO FINAL

Estamos viviendo en una época en que el avance del conocimiento y de la tecnología, nos ofrece día a día, más y nuevas posibilidades para conocer mejor nuestro mundo y nuestra historia. En especial, los recursos para investigar la historia y las posibilidades actuales de la arqueología moderna, ponen en evidencia, que si bien se ha perdido gran parte del caudal original de los documentos históricos, a cada paso se encuentra nuevo material que puede dar nuevas luces o aclarar la información que se tiene de los hechos del pasado histórico. Como ejemplos puede mencionarse el descubrimiento de la ciudad de Jericó y el de los pergaminos del Mar Muerto. Por esta razón y sin querer parecer ingenuamente crédulos ante cada nuevo descubrimiento (¡cuidado con los farsantes, que también los hay!), debemos tomar una actitud de mente abierta para aceptar nueva información sobre hechos de la historia, que una vez bien confirmados, deben incorporarse a nuestro acervo cultural.

I have an example, on this subject and I don`t want to be regarded as a blasphemer: what would happen if an original version of a Gospel written by another apostle were found, where it said that Jesus was cross eyed? Then, we would have to accept it whether we liked it or not. Wouldn`t we? The same thing must be done with topics like Jesus` resurrection (I understand that at present, I am not the only one who states that Jesus died on Wednesday and resurrected on Saturday) where common sense drives us to accept the truth of the facts and correct wrong beliefs, even though , we have trusted them for many years and even centuries.

Finally, the most important thing: JESUS` DEATH AND RESURRECTION. THIS ESSAY ELIMINATES ALL THE DOUBTS THAT HAVE EXISTED ABOUT THE MESSIANIC CHARACTER OF OUR SAVIOR, SINCE WE HAVE CLEARLY STATED THAT JESUS WAS, INDEED, **BURIED** FOR THREE FULL DAYS AND THUS, THE ONLY SIGN OF HIS MESSIANIC CHARACTER, MANIFESTED BY HIMSELF, WAS FULFILLED. AMEN! ALLELUJAH!

Sobre este caso, pongo un ejemplo sin querer fungir de blasfemo: ¿Qué pasaría si se encuentra un original de un Evangelio escrito por otro de los apóstoles y en él se dice que Jesús era bizco? Pues, nos veríamos en la necesidad de aceptarlo, aunque no nos guste mucho la idea ¿verdad? Lo mismo debe hacerse con temas como éste, de la Resurrección de Jesús (tengo entendido que en la fecha actual no soy el único que suscribe la muerte de Jesús en miércoles y la resurrección en sábado); donde el sentido común nos impulsa a tener que aceptar la verdad de los hechos, y rectificar nuestras creencias erradas, aunque hayamos confiado en ellas por muchos años y hasta siglos.

Finalmente, lo más importante en el caso de la muerte y la resurrección de Jesús: EL PRESENTE TRABAJO DE INVESTIGACIÓN ELIMINA TODAS LAS DUDAS QUE HABÍA SOBRE LA MESIANIDAD DE NUESTRO SALVADOR, YA QUE QUEDA CLARAMENTE DEMOSTRADO QUE JESÚS SÍ ESTUVO **ENTERRADO** TRES DIAS COMPLETOS, Y QUE POR ELLO, SÍ CUMPLIÓ CON LA UNICA SEÑAL DE SU MESIANIDAD, MANIFESTADA POR ÉL MISMO. ¡AMÉN! ¡ALELUYA!

## 8. BIBLIOGRAPHY


- (NC) Sacred Bible, Nacar and Colunga (1965)
- (BJ) Jerusalem Bible, Ubieta (1966)
- (NM) The New World Translation from the Holy Scriptures (1974)
- (RV) Holy Bible, Reina and Valera (1960)
- Catholic Encyclopedia (1913)
- British Encyclopedia

## 8. REFERENCIAS BIBLIOGRAFICAS


- (NC) Sagrada Biblia, Nácar y Colunga (Ed. 1965).
- (BJ) Biblia de Jerusalén, Ubieta (Ed. 1966).
- (NM) Traducción del Nuevo Mundo de las Santas Escrituras (1974).
- (RV) Santa Biblia, Reina y Valera (Ed. 1960).
- Enciclopedia Católica (1913).
- Enciclopedia Británica.

## CONTENTS

## INDICE

www.ingramcontent.com/pod-product-compliance
Ingram Content Group UK Ltd.
Pitfield, Milton Keynes, MK11 3LW, UK
UKHW040019200726
13854UKWH00001B/268

9 781412 088848